SUSTAINABLE DEVELOPMENT GALS 어린이가 꼭 알아야 할 지속가능발전목표

슬기로운 지구 생활

05 깨끗한 물

글 새런 테일러 | 그림 엘리사 로치
옮김 김영선 | 감수 윤순진

다섯
어린이

지속가능발전목표
다산북스는 유엔의 지속가능발전목표를 지지합니다.

2015년 유엔(UN, 국제연합)은 지구와 우리의 삶에 영향을 미치는 가장 심각한 문제들을 해결하기 위해 '지속가능발전목표'를 세웠어. '지속가능발전'이란 미래를 위해 환경을 보호하고 사회·경제적 자원을 낭비하지 않으면서 현재 우리 삶을 더 좋은 방향으로 발전시키는 것을 말해. 이를 위해 전 세계가 2016년부터 2030년까지 달성할 17가지 목표를 정한 거야. 지속가능발전목표는 국가뿐 아니라 시민 하나하나가 일상생활에서 노력해야 이룰 수 있어.

지구의 모든 사람이 깨끗한 물을 사용하고 위생적인 환경에서 살아가려면 무엇을 해야 할까?

슬기로운 지구 생활을 위해!

- 값싸고 안전한 식수를 모든 사람에게 제공하기.
- 모두에게, 특히 여성에게 깨끗한 화장실과 위생적인 환경을 만들어 주기.
- 공장 폐수와 생활하수로 물이 오염되는 것을 줄이기.
- 모든 지역에서 사용할 있는 담수의 양을 늘리기.
- 호수, 습지, 강 등의 물속 생태계를 보호하고 복원하기.
- 사용한 물을 정화해 재사용하는 과학적인 방법 연구하기.
- 수돗물의 질과 위생 시설을 개선하기 위해 작은 지역사회를 지원하기.

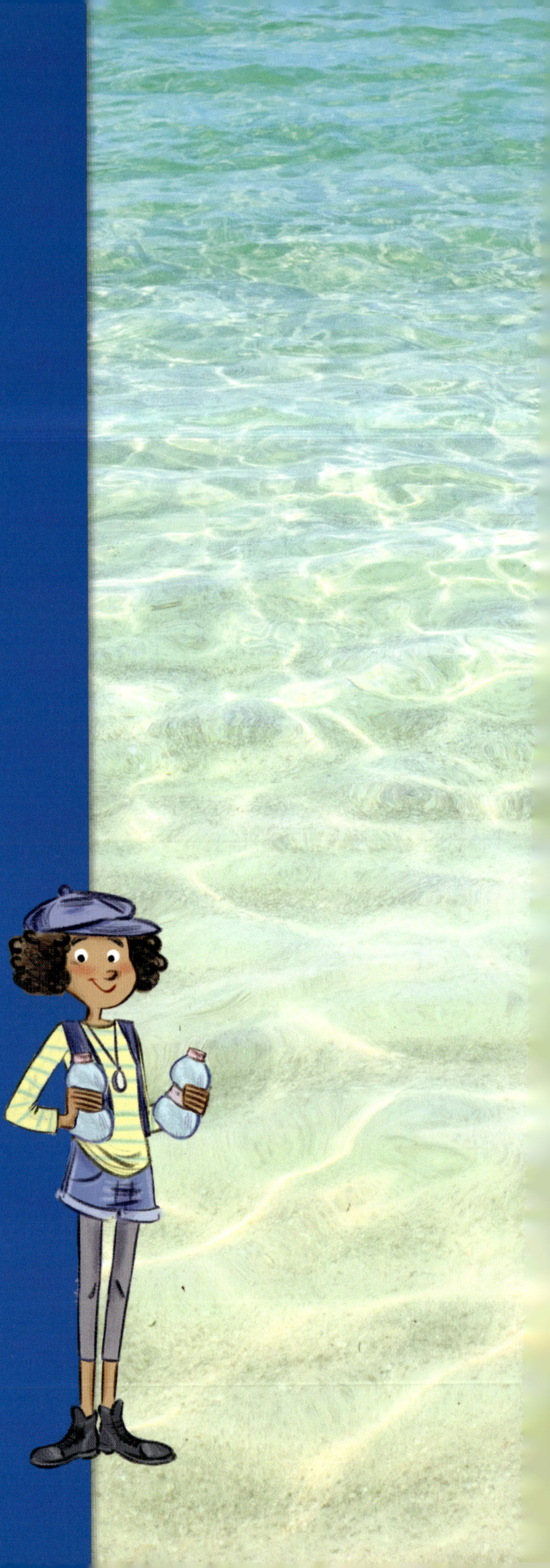

차례

6-7	물도 인권이라고?
8-9	물의 순환
10-11	물은 어디에나 있지만
12-13	가뭄 때문에 괴로워
14-15	줄어드는 호수
16-17	물 한 방울도 아껴 쓰기
18-19	깨끗한 물을 찾아서
20-21	건강하려면 위생부터
22-23	손 씻기가 중요해!
24-25	화장실과 위생 시설
26-27	쓰고 버리는 물
28-29	강 살리기
30-31	무시무시한 홍수
32	성공적인 모범 사례
33	찾아보기

물도 인권이라고?

2010년, 유엔은 깨끗한 물과 화장실을 비롯한 위생 시설은 인간이 인간답게 살기 위해 누려야 할 기본적인 권리, 즉 '인권'이라고 선언했어. 물이 어떤 사람들만 누리는 특별한 권리가 되어서는 안 된다는 말이야. 지구촌 모든 사람이 평등하게 깨끗한 물과 위생 시설을 사용하려면 무엇이 필요할까?

1 충분한 양

누구나 필요한 만큼 물을 충분히 제공받아야 해. 마시고 씻고 요리하고 청소하고 쓰레기를 처리하는 등 일상생활에 필요한 물을 언제든 쓸 수 있어야 하지.

2 무엇보다 안전!

질병을 일으키거나 건강을 위협하는 세균과 바이러스, 화학물질이 물에 들어 있으면 안 되겠지? 안전을 위해 주기적으로 수질을 검사해야 해.

3 철저한 관리

물은 냄새와 맛이 없고 색이 투명해야 해. 모든 수도 시설과 화장실은 잘 정비되어야 하고, 성별이나 나이, 인종과 상관없이 모든 사람이 편리하게 이용할 수 있도록 관리되어야 하지.

4 언제 어디서나 쉽게

누구나 깨끗한 물과 화장실을 누릴 권리가 있어. 집이나 학교, 직장, 병원 등 모든 건물은 화장실이나 물을 공급하는 시설을 갖추어야 해. 건물 내부는 아니더라도 최소한 아주 가까운 곳에 이런 시설이 있어야 쉽게 이용할 수 있겠지?

5 비싸지 않도록

물은 자연에서 공짜로 얻을 수 있지만, 사람에게 깨끗한 물을 제공하기 위한 시설을 지으려면 돈이 많이 들어. 그래서 가난한 사람들과 지역사회가 부담 없이 물과 수도 시설, 화장실을 이용할 수 있도록 지원해야 한단다.

물의 순환

지구 표면은 70퍼센트 이상이 물로 덮여 있어. 아주 많은 것 같지? 그런데 지구에 없던 물이 계속해서 새로 생기는 건 아니야. 이미 지구에 있던 물이 모습을 바꾸면서 빙빙 돌고 도는 것이란다. 이것을 물의 순환이라고 하는 거야.

물은 끊임없이 움직이며 여행을 해. 햇빛에 데워진 물이 증발해서 수증기로 변하고, 공중으로 퍼진 수증기는 작은 물방울로 응결되어 구름이 된단다. 그리고 비나 눈으로 바뀌어 강과 호수, 바다로 떨어진 뒤 땅속으로 스며들었다가 다시 증발하는 거야. 이 과정을 반복하며 물이 순환하는 것이지.

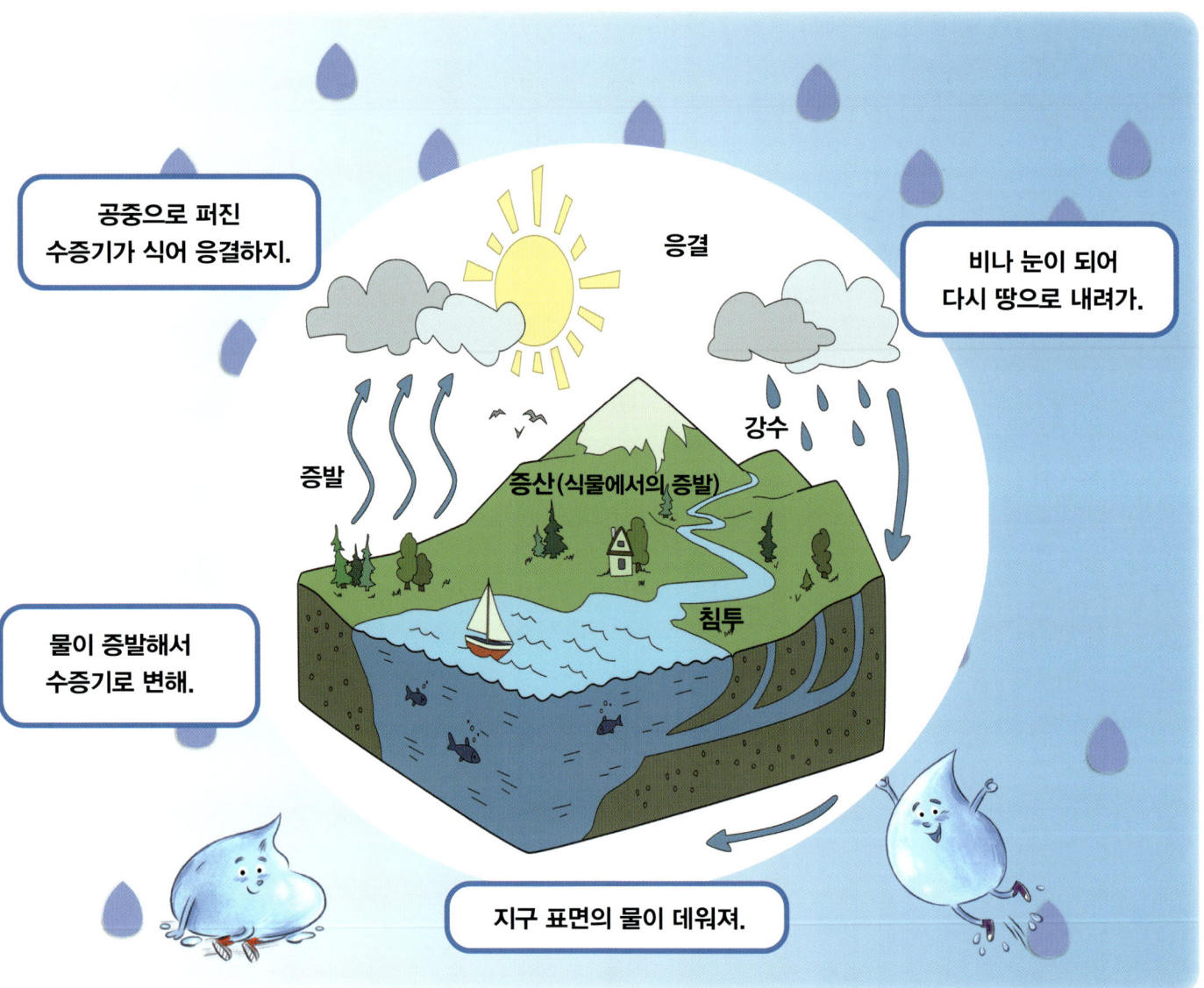

물이 없으면 지구에 생명이 존재할 수 없어. 그런데 한편으로는 모든 생물이 물을 흡수하고 내보내기 때문에 생물 자체가 물의 순환의 일부를 담당하는 거야.

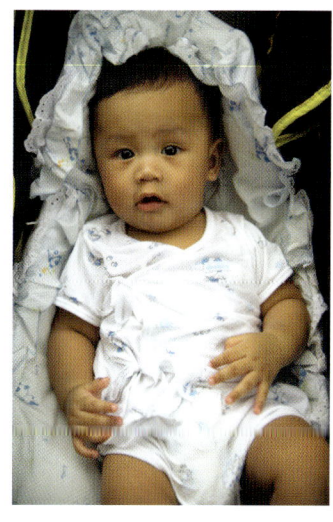

사람 몸무게의 절반 이상도 물이야. 물이 사람의 몸무게를 차지하는 비율은 남성이 여성보다 조금 높고, 아기 몸에서는 무려 70퍼센트나 된단다.

우리 생활에 꼭 필요한 물

마시기

요리

씻기

농작물 재배

청소와 설거지

물이 흔해 보이지만 지구의 물은 대부분 바닷물이야. 소금기가 없어서 사람이 마실 수 있는 물, 즉 담수가 차지하는 비율은 아주 낮아. 게다가 담수의 대부분은 얼음으로 되어 있어서 우리가 실제로 쓸 수 있는 담수는 지구 전체 물의 1퍼센트도 안 돼.

물은 어디에나 있지만

지구는 아주 독특한 행성이야. 표면에 많은 물이 있는 행성은 태양계에서 지구뿐이거든. 지구 물의 약 97퍼센트는 바닷물인데, 바닷물에는 소금이 들어 있어서 우리가 마시거나 쓸 수 없어. 나머지가 담수인데 그마저도 대부분을 빙하가 차지하고 있어. 빙하는 지구 전체 물의 약 2퍼센트나 되지. 그리고 1퍼센트도 안 되는 물이 강과 호수, 공기와 땅속에 들어 있단다.

 ## 물이 부족해

물이 많은 것 같아도 현재 깨끗하고 안전한 물을 사용하는 사람은 전 세계 인구의 약 60퍼센트뿐이야. 스태티스타의 조사 결과에 따르면, 2019년 기준 위의 다섯 나라가 세계에서 1인당 물 소비량이 많은 나라야.

안전한 마실 물을 얻지 못하는 사람도 20억 명이 넘어.

세계 인구가 빠르게 늘고 있어. 이건 미래에 더 많은 사람이 물이 부족한 상황에 놓일 수 있다는 뜻이야.

지구 마을 뉴스

지구에서 물이 바닥나는 일은 일어나지 않겠지만, 누구나 가장 필요한 순간에 항상 깨끗한 물을 얻을 수 있는 건 아니야. 우리 모두 이 문제의 해결책을 찾아야 해. 그것도 빨리!

도움의 손길 셋

깨끗한 물을 제공하기 위해 전 세계에서 여러 단체가 노력하고 있어. 그중 몇 개만 소개해 볼까?

1. **워터에이드**(Water Aid) : 34개 국가가 회원으로 참여한 국제 자선단체야. 1981년부터 전 세계 2,700만 명에게 깨끗한 물을 공급해 왔어.

2. **원드롭재단**(The One Drop Foundation) : 물과 관련된 다양한 활동을 펼치며 세계 곳곳의 사람들을 돕고 있어. 특히 지역사회에 깨끗한 물과 위생의 중요성을 알리기 위해 예술 활동을 벌이는 젊은이들을 지원하지. 아래 사진은 과테말라 지부가 동물 분장을 하고 행사하는 모습을 담은 거야.

3. **월드비전**(World Vision) : 이 단체는 식수와 위생 시설 지원 사업을 통해 전 세계 여러 나라에 우물과 식수 펌프, 화장실 등을 설치해 주었어. 말리공화국에서는 1,000개가 넘는 우물을 만들었지. 우물이 완성된 날 여자들이 물결무늬 원피스를 입고 온종일 북소리에 맞춰 노래하고 춤을 췄단다.

가뭄 때문에 괴로워

지구가 건강하려면 비가 꼭 내려야 하지만 그 양이 늘 충분한 건 아니야. 비가 오지 않아 건조한 날씨가 오래 이어지는 것을 가뭄이라고 해. 가뭄은 지구 대부분의 지역에서 발생하지만, 특히 아프리카에서 아주 심하단다.

물이 없으면 농작물과 가축은 죽을 수밖에 없어. 가뭄이 들면 농부들은 우물을 더 많이 파거나 다른 지역에서 물을 길어 와야 해. 물이 계속 부족하면 결국 식량이 줄어들어 사람들은 굶주리게 될 거야.

건조해? 위험해!

가뭄이 계속되면 모든 것이 바싹 말라 버려. 이것은 또 다른 문제로 이어지기도 해.

- 숨을 쉴 때마다 메마른 땅에서 일어난 흙먼지가 호흡기로 들어와 질병이 생길 수 있어.
- 바싹 마른 풀과 나무는 불이 아주 잘 붙기 때문에 가뭄이 들면 산불이나 들불이 번지기 쉬워. 한번 일어난 불은 끄기도 무척 어렵지.
- 물이 흐르지 않고 고여 있으면 심각한 질병을 일으키는 세균과 바이러스가 발생하기도 해.

한 번 더 생각해 보기

수력발전은 높은 곳에서 낮은 곳으로 물이 흐를 때 발생하는 낙차에 의한 운동에너지를 전기에너지로 변환하여 전력을 생산해. 하지만 가뭄이 들면 흐르는 물의 양이 줄기 때문에 발전기를 제대로 돌리지 못하고 전기를 필요한 만큼 만들 수가 없어. 이때 수력발전으로 전기를 생산하는 회사는 다른 에너지원을 찾거나 전기료를 올리기도 해.

줄어드는 호수

강과 호수는 담수를 얻을 수 있는 대표적인 지형이야. 하지만 지구의 온도가 점점 높아지고 겨울이 갈수록 건조해지면서 전 세계 호수의 크기가 줄어들고 있어.

이런 변화는 자연환경에 영향을 줄 뿐만 아니라 호수 주변에서 호수에 의존해 살아가는 사람들에게도 심각한 문제란다.

호수가 사라지면 생기는 일

호수의 물이 줄어들면 어떤 일이 일어날까? 물고기는 알을 낳기 힘들어지고, 물에 사는 다양한 생명체가 멸종 위기에 처하고 말아. 새들은 습지에 있던 서식지를 잃고 먹이를 구하기 위해 더 멀리 날아가서 새로운 보금자리를 마련해야 하지.

호수 주변에 사는 사람들은 대부분 호수와 관련된 일을 하고 호수에서 먹을 것을 구해. 물고기가 줄어들면 어부는 돈을 벌 수 없고, 호수에서 배를 운영하는 회사도 물이 얕아지면 일을 할 수가 없지. 결국 굉장히 빠른 속도로 호수 주변 사람들의 활동이 멈추면서 마을이 사라지게 되는 거야.

중앙아시아의 아랄해는 한때 세계에서 네 번째로 큰 호수였지만 1960년대부터 급격히 마르기 시작했어. 근처에 있는 목화밭에 물을 대기 위해 아랄해로 흘러드는 강에 댐을 건설했기 때문이야. 그 결과 호수가 줄어들어 일부는 사막이 되고 말았어.

이건 정말 심각한 환경 재앙이야. 물고기는 죽고 어부는 직업을 잃고 농부는 농작물과 가축을 키우지 못하게 되었어. 사람들이 떠나자 마을은 곧 유령 도시로 변하고 말았지. 여름의 뜨거운 열기를 흡수하는 물이 마르면서 심지어 기후도 바뀌었단다.

호수 살리기 프로젝트 셋

세계 곳곳에서 줄어드는 호수를 되살리기 위해 여러 단체들이 노력하고 있어.

1. 아프리카의 차드호는 한때 전 세계에서 여섯 번째로 큰 호수였어. 하지만 1960년대부터 크게 줄기 시작해서 현재는 가장 컸을 때에 비해 호수 물이 95퍼센트나 줄어든 상태야. 2020년, 세계은행은 동식물의 서식지를 보호하고 지역사회를 살리기 위해 물을 관리할 수 있도록 차드호 주변 국가에 3억 5,000만 달러를 지원했어.

2. 호숫가의 습지는 철새를 비롯한 다양한 동물들의 중요한 서식지야. 습지를 되살려서 다른 곳으로 떠난 동물들이 돌아올 수 있도록 다양한 프로젝트를 진행하고 있어.

3. 1994년, 아랄해를 둘러싼 5개 국가는 유엔의 도움을 받아 아랄해 주변 사람들과 환경을 보호하기 위해 '아랄해 수역 계획'이라는 사업을 시작했어. 그 결과 호수의 수위가 몇 미터나 올라가는 성과를 거두었지.

물 한 방울도 아껴 쓰기

세계 인구가 늘어나는 만큼 필요한 물의 양도 엄청 많아졌어. 쓸 수 있는 담수가 하루하루 줄어드는 상황이니 무엇보다 물을 아껴 쓰는 게 중요하단다. 살아가는 데 가장 필수적인 물을 보호하고 보존해야 하지. 안타깝게도 많은 사람이 물의 존재를 당연한 것으로 여기고 있어. 자신의 행동이 어떤 **결과로 이어질지** 생각하지 않고 물을 너무 많이 쓰곤 하지. 하지만 우리의 행동을 조금만 바꿔도 물을 보존하는 데 많은 도움이 될 거야.

 ## 물 쓰듯 펑펑?

'나 한 사람쯤이야.'라는 생각으로 물을 펑펑 쓰면 물 부족 문제는 더욱 심각해질 거야. 혹시 물을 넘치도록 받거나 양치질을 할 때 물을 계속 틀어 놓는 등 필요 이상으로 물을 낭비하고 있는 건 아닌지 생각해 봐.

햇빛이 강하거나 바람이 세게 부는 날에는 물이 빨리 증발해 버려. 그런 날 꽃이나 나무, 채소에 물을 주거나 마당에 물을 뿌리면 물을 더 많이 쓰게 되겠지?

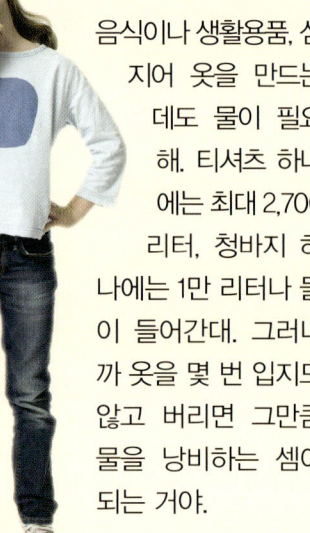

음식이나 생활용품, 심지어 옷을 만드는 데도 물이 필요해. 티셔츠 하나에는 최대 2,700리터, 청바지 하나에는 1만 리터나 물이 들어간대. 그러니까 옷을 몇 번 입지도 않고 버리면 그만큼 물을 낭비하는 셈이 되는 거야.

한 번 더 생각해 보기

- 이를 닦거나 머리를 감거나 채소를 씻을 때 물을 틀어 놓으면 1분에 약 10리터나 그냥 흘려보내게 된단다.
- 수도나 욕조, 배관, 변기에 물이 새는 곳이 있으면 1주일에 500리터가 넘는 물이 낭비될 수 있어. 그러니까 물이 새는 곳을 발견하는 즉시 수리해야 하지.
- 변기의 물을 한 번 내릴 때마다 물을 약 20리터씩 사용한대. 쓸데없이 물 내림 버튼을 함부로 누르지 않도록 하고, 절수 변기나 대소변 분리 버튼을 사용해 1회 물 사용량을 줄여야 해.

물을 아끼는 좋은 방법 넷

세계적인 물 부족 문제를 해결하기 위해 우리가 할 수 있는 일은 무엇일까?

1. 샤워 시간을 2분 줄이면 24리터의 물을, 양치 컵을 사용하면 5리터의 물을 아낄 수 있어.

2. 변기의 소변 내리기 버튼을 사용하면 한 달에 500리터가 넘는 물을 절약할 수 있지.

3. 과학자들은 물을 훨씬 적게 줘도 잘 크는 농작물을 개발했어. 이스라엘에서는 버리는 물의 85퍼센트 이상을 농작물을 재배할 때 다시 사용하고 있대. 우리나라도 고속도로 휴게소 화장실 등에서 버리는 물을 다시 사용하고 있어.

4. 3월 22일 '세계 물의 날'을 기억하고 물 부족 문제를 해결하는 방법에 대해 꾸준히 관심을 갖는 건 어떨까?

3월 22일 세계 물의 날

깨끗한 물을 찾아서

아프리카와 아시아의 여러 나라에서는 집에서 깨끗한 물을 쓸 수 없는 경우가 아주 많아. 그래서 대개 여자들이 가족을 위해 물을 길어 오는 일을 맡는데 어린아이도 예외가 아니야. 이들은 하루에 평균 6킬로미터를 걸어서 20리터의 물을 떠 온다고 해.

문제는 힘겹게 퍼 온 물이 더럽거나 오염된 상태일 수 있다는 거야. 오염된 물은 설사를 비롯해 여러 질병을 일으키기 때문에 마시거나 씻기에 알맞지 않아. 그래서 무엇보다 깨끗한 물을 찾는 게 중요하지. 안전하고 깨끗한 물은 바로 우리 발밑에서 찾을 수 있어.

땅속의 깨끗한 물, 지하수

하늘에서 내린 빗물은 지표면의 흙을 지나 지표면 아래의 구멍이 많은 바위를 통과해. 땅속으로 더 깊이 내려가면 빗물이 스며들지 못하는 단단한 바위 층이 나와서 물이 더는 이동할 수 없게 되지. 이 바위 층을 '지하수면', 이곳에 모인 물을 '지하수'라고 하는 거야.

빗물이 땅속의 흙과 돌을 통과하는 동안 해로운 세균이 걸러지기 때문에 지하수는 마셔도 안전하단다. 지하수를 얻는 가장 쉬운 방법은 땅에 구덩이나 우물을 파는 거야. 그 다음 특별한 펌프를 이용해 물을 끌어올리면 되지.

선진국에서는 대개 배관을 통해 집 안까지 깨끗한 물을 공급해. 비용도 저렴해서 사람들은 물을 사용하는 데 자기가 버는 돈의 약 1퍼센트도 쓰지 않아.
하지만 아주 가난한 지역에 사는 사람들은 수돗물이 공급될 때까지 기다리거나 물을 구하기 위해 멀리까지 가야 해. 그런데도 수돗물이 너무 비싸서 소득의 45퍼센트까지 써야 하는 경우도 있어. 개발도상국(경제 개발이 선진국에 비해 뒤떨어진 나라) 사람들이 부유한 선진국 사람들보다 훨씬 비싼 물값을 내고 있는 셈이야.

깨끗한 물을 얻는 방법 셋

과학자들은 깨끗한 물을 공급할 새로운 방법을 계속 찾고 있어. 그중 몇 가지만 소개할게.

1. 남아프리카공화국에 있는 보쇼크초등학교는 2015년에 새 축구장을 만들었어. 그런데 이 축구장은 평범한 축구장이 아니야. 축구장 밑에 1년 동안 1,700만 리터나 되는 물을 걸러 내고 저장하는 시설이 있거든. 그 뒤 전국에 이런 축구장이 9개나 더 건설됐어.

2. 2019년, 과학자들은 미국 해안 근처의 대서양 밑바닥 아래에서 지하수가 엄청 많은 대수층을 발견했어. 이 안의 담수량은 수영장 10억 개를 채울 정도로 많아. 이 물만 쓸 수 있다면 세계 곳곳의 건조한 지역에 물을 공급할 수 있을 거야.

3. 과학자들은 공기 중의 수증기를 모으는 방법을 개발했어. 수증기를 모은 다음 온도를 낮춰 다시 깨끗한 물로 바꾸는 거지. 이 기술은 발전소나 담수화 시설에 활용되고 있고, 앞으로 물 부족 문제에 유용하게 쓰일 것으로 기대하고 있어.

건강하려면 위생부터

아직도 위생과 건강의 관계가 밀접하다는 사실을 모르는 사람이 많아. 병에 걸리거나 다른 사람에게 병을 옮기지 않으려면 내 몸과 내가 있는 공간을 깨끗하게 관리해야 하는데, 이 사실을 전혀 모르는 거야.

문제는 이게 끝이 아니야. 위생의 중요성을 깨닫고 생활 방식을 바꾸려 해도 물이나 비누, 화장실 등이 부족할 수 있거든.

 ## 깨끗하게 건강하게

물이 없으면 깨끗하게 살기가 무척 어려워. 더러운 냄비로 요리하거나 지저분한 접시를 쓰면 음식이 빨리 상하거나 세균이 생길 수 있어.

가족 중 누군가가 병에 걸리면 흔히 여성이 돌보는데, 그 결과 여성은 학교에 가지 못하거나 직업도 얻을 수 없게 되지.

학교와 병원, 어린이나 노인을 돌보는 시설처럼 사람이 많이 모이는 곳에서는 병이 쉽게 퍼지기 마련이야. 개발도상국에서는 이런 시설에 깨끗한 물이 충분히 공급되지 않는 경우가 많다고 해.

한 번 더 생각해 보기

전 세계 학교의 약 3분의 1에서 안전한 수돗물을 쓸 수 없대. 손을 씻을 수 있는 비누나 세정제, 세면 시설이 없는 학교도 절반이나 되지. 이런 환경에서는 매우 빠르게 퍼지는 질병이 발생해서 학생은 물론 교사와 교직원도 감염될 수 있어.

위생을 위한 좋은 행동 셋

점점 더 많은 사람이 위생에 대해 배우면서 위생과 건강의 관계를 깨닫고 있어.

1. 2006년, 유니세프(UNICEF)는 '워시'라는 사업을 시작했어. 영어로 'WASH'라고 쓰는데, 물(water), 위생 시설(sanitation), 위생(hygiene)의 앞 글자를 따서 지은 이름이래. 처음에는 아이들의 생명과 건강을 보호하는 것을 목표로 삼았지만, 지금은 전 세계 모든 사람에게 혜택을 주고 있어.

2. 워시사업 덕분에 라이베리아 학교들의 세면 시설이 엄청나게 좋아졌어. 세면기를 수천 개 설치하고 비누도 수백만 개나 나눠 준 거야. 그리고 학생과 교사에게 위생과 건강의 가까운 관계에 대해 교육도 했단다.

3. 손 씻기는 청결을 유지하고 질병의 전파를 막는 가장 간단하고 효과적인 방법이야. 이번 코로나19 바이러스 감염 예방에도 손 씻기가 아주 중요했어.

손 씻기가 중요해!

손을 자주, 제대로 씻는 것은 단순히 손을 깨끗하게 유지하는 것보다 더 큰 의미가 있어. 질병이 퍼지는 것을 막아 주거든. 음식을 준비하거나 먹기 전, 화장실에 다녀온 직후, 환자와 시간을 함께 보낸 뒤에는 꼭 손을 씻어야 한단다.

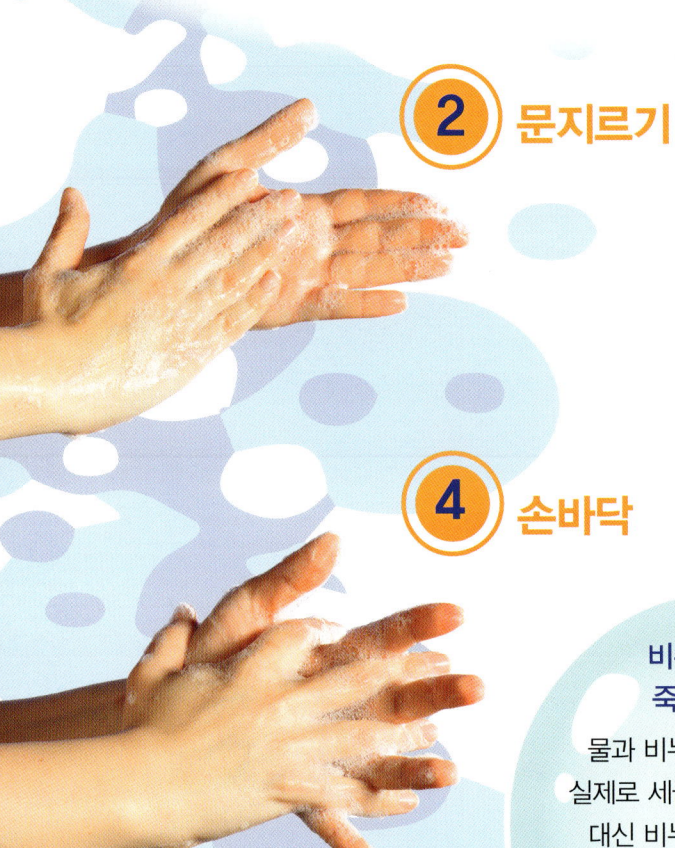

① 비누
② 문지르기
③ 손등
④ 손바닥
양손
⑤ 손가락

비누가 세균을 죽이는 걸까?
물과 비누로 씻는다고 해서 실제로 세균이 죽는 건 아니야. 대신 비누가 피부의 기름과 만나면 손에 붙어 있던 세균이 떨어져서 물에 씻겨 내려가는 거야.

15초 + 15초
15초 동안 손을 씻으면 세균의 90퍼센트를 없앨 수 있어. 15초를 더 씻으면 99.9퍼센트가 사라진단다.

6 엄지손가락

양손

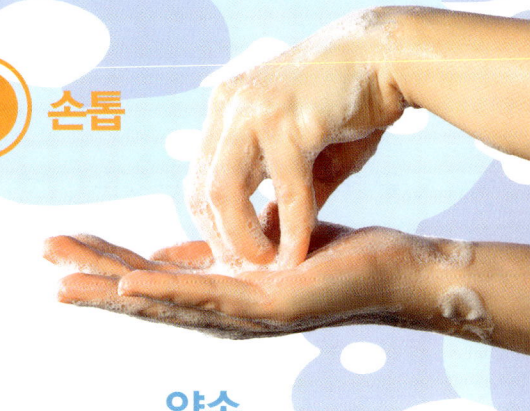

7 손톱

양손

8 손목

9 헹구기

살살 살살
손을 세게 문지르면 피부에 아주 작은 상처가 생겨서 오히려 세균이 잘 자라는 환경이 돼.

10 말리기

손톱을 자르자
세균은 긴 손톱 밑처럼 숨을 수 있는 곳을 아주 좋아해.

천천히 천천히
손을 씻은 다음 물건을 만지기 전에 손을 제대로 말려야 해. 손에 물기가 있으면 세균이 더 쉽게 옮거든.

화장실과 위생 시설

위생 시설은 사람의 배설물과 오물을 없애거나 처리하는 변기와 세면 시설, 폐수 처리 시설 등을 말해. 위생 시설은 모든 사람의 건강한 생활을 위해 굉장히 중요한 요소란다.

2015년 세계보건기구(WHO)는 전 세계에서 40억 명이 넘는 사람이 아직도 제대로 된 위생 시설을 이용하지 못한다고 발표했어. 위생 시설을 갖추지 못한 지역에서는 질병이 쉽게 퍼지기 마련이야. 이 때문에 해마다 수십만 명이나 사망하고 있지.

위험한 질병

제대로 된 변기도 없고 다른 위생 시설도 부족하면 어쩔 수 없이 배설물을 아무 데나 버리게 돼.
버려진 배설물은 물을 오염시켜 사람 몸에 기생충이 생기게 하고, 가벼운 설사부터 시작해 심각한 질병을 지역사회 곳곳에 퍼트린단다.

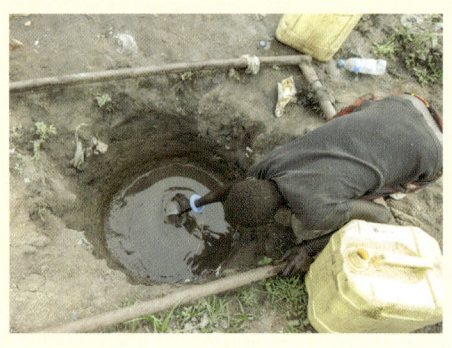

● **이질**
피가 섞인 설사를 일으키는 매우 심각한 감염병이야.

● **에볼라**
바이러스가 원인인 질병으로, 이 병에 걸리면 죽는 비율이 굉장히 높아. 비위생적인 환경일수록 사람 사이에 아주 쉽게 전파되지.

● **장티푸스**
열, 발진, 복통 등의 증상이 나타나는 질병인데 세균 감염이 원인이야.

● **콜레라**
오염된 물이나 음식을 통해 감염되는 질병으로, 설사와 심각한 구토가 나타나지.

지구 마을 뉴스

좋은 위생 시설은 사람들이 청결하고 건강한 생활을 누리게 하는 것에 그치지 않고 더 큰 역할을 해. 그 지역이 빈곤(가난해서 살기가 어려운 상태)에서 벗어날 수 있는 발판이 되거든. 몸이 건강하면 일을 해서 돈을 벌 수 있고, 가족이 건강하면 어머니와 딸이 직업을 가지거나 학교에 다닐 수 있어. 당연히 병원비도 줄어.

위생 시설 개선 노력 셋

좋은 위생 시설은 사치품이 아니라 필수품이야. 건강한 삶을 위해 꼭 필요하기 때문에 유엔이 지속가능발전목표 중 하나로 정한 거야.

1. 2001년, 전 세계 물과 화장실의 위생 개선을 목표로 세계화장실기구가 설립되었어. 이 기구는 위생의 중요성을 알리면서 전 세계의 화장실 시설을 개선하고 화장실 수를 늘리기 위해 노력하고 있어.

2. 지난 30년 동안 전 세계 수십억 명의 사람들이 좋은 위생 시설을 더 쉽게 이용할 수 있게 되었어. 유엔의 궁극적인 목표에 성큼 다가간 성과란다.

3. 유엔은 세계 곳곳의 불결한 위생 시설에 대한 관심을 불러일으키기 위해 11월 19일을 '세계 화장실의 날'로 정했어.

쓰고 버리는 물

하수와 오수, 폐수는 모두 쓰고 버리는 물을 가리키는 말이야.
버린 물을 잘 처리하면 다시 안전하게 사용할 수 있어.

가정
큰 저택부터 작은 연립주택, 아파트, 고층 건물에 이르기까지 모든 가정에서 생활하수를 내보내지.

기업
공공건물과 학교, 사무실, 병원과 공장도 하수와 폐수를 많이 만드는 곳이야.

4단계 하수 처리 방법

하수는 다음 네 단계를 거쳐 정화돼.

- 수거
- 운송
- 정화
- 방류 또는 재사용

이 과정을 제대로 거치지 않으면 버려진 물이 지역사회의 건강을 위협할 수 있단다.

화장실
우리는 보통 화장실 변기에서 볼일을 보고 물을 내리는 식으로 배설물을 처리해. 하지만 세계 어디에서나 그렇게 할 수 있는 건 아니야. 물 대신 흙이나 모래와 재, 심지어 지렁이를 사용해 배설물을 처리하는 곳도 있어.

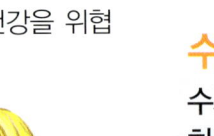

수거
수세식 화장실에서 내보낸 하수는 관을 통해 지하에 있는 거대한 하수도로 이동해. 전문 회사가 하수를 수거해 옮기기도 하지만 결국 모든 하수는 하수처리장에 모인단다.

침사
하수 처리장에서 물을 정화할 때 가장 먼저 하는 일은 침사야. 장난감이나 장신구, 옷, 나뭇조각처럼 하수에 섞여 들어온 쓰레기를 걸러 내는 것이지.

침전

침전은 물을 큰 통에 담아 천천히 휘저어서 이물질을 바닥으로 가라앉히는 과정이야. 침전물이 내려앉으면 그 위 깨끗한 물만 다음 과정을 위해 흘러갈 수 있어.

포기

포기라는 말이 낯설지? 작은 공기 펌프로 물에 산소를 불어 넣는 것을 포기라고 해. 물에 산소를 공급하면 미생물이 많이 늘어서 물에 남아 있는 해로운 유기물을 먹어 치워. 유기물을 먹고 몸이 무거워진 미생물은 바닥에 가라앉지.

소독

다음에는 해로운 세균을 죽이는 소독 과정으로 넘어가는데, 이를 위해 화학물질을 사용하기도 해. 소독하고 남은 화학물질을 제거한 다음에야 물을 하천으로 내보낼 수 있어.

재사용

개발도상국처럼 물이 부족한 지역에서는 정화한 물을 바로 흘려보내지 않고 추가 처리를 한 다음, 농작물에 주는 물이나 마시는 물로 재사용하기도 해.

27

강 살리기

인간의 활동으로 배출되는 하수와 폐수의 80퍼센트 이상은 강이나 바다로 흘러가. 하수와 폐수에는 독성 화학물질을 포함한 산업 폐기물을 비롯해 농장에서 나오는 해로운 토양과 폐기물도 섞여 있어.

이런 폐기물들이 정화 과정을 거치지 않고 곧바로 강으로 쏟아지는 경우도 많아. 그러면 강이 심각하게 오염돼서 자연환경은 물론이고 사람과 동식물의 건강도 위험해지는 거야.

농장도 공장도 조심조심

히말라야산맥에서 시작되는 인도 야무나강의 상류는 맑고 깨끗하지만 하류로 갈수록 점점 더러워져. 하수, 산업 폐기물, 농업 폐수가 뒤섞여서 물이 완전히 오염된 지역도 있을 정도야.

농업 폐수에는 가축의 배설물로 만든 거름에서 나온 오염 물질과 해충을 죽이기 위해 사용하는 유독성 농약이 들어 있어. 논밭의 흙 자체도 너무 많은 양이 하천으로 흘러 들어가면 좋지 않아.

어떤 공장에서는 물건을 만들 때 뜨거운 물을 많이 사용하는데 이 물을 하천에 그냥 버리기도 한대. 뜨거운 물에는 차가운 물보다 산소가 적기 때문에 뜨거운 물이 버려진 곳에 사는 물고기는 더 차가운 서식지를 찾지 못하면 결국 죽게 돼.

물에 무기물과 영양소가 너무 많으면 물속 식물인 조류가 폭발적으로 성장하는데, 이를 '조류 대증식'이라고 불러. 대표적인 예가 남조류 또는 시아노박테리아 불리는 조류로, 강과 호수, 바다를 가리지 않고 자라지. 남조류가 너무 많으면 수면을 뒤덮으면서 다른 생물의 생존에 필요한 햇빛을 막아 버린단다. 게다가 사람이나 동물에게 해로운 독소를 생산하는 등 많은 문제를 일으킬 수 있어.

지구 마을 뉴스

강을 살리는 좋은 방법 셋

강을 살리기 위한 해결책이 이미 여럿 나온 상태야. 혹시 힘을 보탤 수 있는 일은 없을까?

1. 논과 하천 사이에 나무를 심어 울타리를 만들면 농업 폐수의 유출을 막을 수 있어.

2. 뜨거운 물을 사용하는 공장에는 냉각탑을 설치해서 배출하는 물의 온도를 낮출 수 있지.

3. '그린카약'이라는 덴마크의 비정부기구는 오염된 강을 정화하기 위해 좋은 방법을 찾아냈어. 공짜로 카약을 빌려 주는 대신 강과 바다에서 쓰레기를 건져 올리게 한 거야. 이 방법으로 4년 만에 여러 유럽 국가에서 4만 2,000킬로그램이 넘는 폐기물과 쓰레기를 모았다고 해.

무시무시한 홍수

물은 적어도 문제지만 너무 많아도 문제야. 폭우가 내리면 강과 호수의 둑이 무너지고 넓은 지역에 홍수가 발생해서 사람과 동물과 땅이 모두 위험해지거든.

지난 25년 동안 수십억 명이 홍수 피해를 입고 수천 명이나 죽었어. 그런데 안타깝게도 상황은 점점 더 나빠지고 있단다.

너무 많은 물은 위험해

폭우가 쏟아지는 동안 흙은 물을 많이 머금어서 아주 무거워져. 이때 가파른 곳의 토양이 무게를 견디지 못하고 무너질 수 있어. 산사태가 바로 이런 식으로 일어나는 거야. 산사태로 쏟아진 흙더미는 최대 시속 80킬로미터로 움직이면서 집이며 도로, 전기 시설 등 모든 것을 닥치는 대로 파괴하지.

가장 위험한 홍수는 아주 갑자기 발생하는 돌발 홍수야. 순식간에 불어난 빗물이 메마른 토양을 가르며 물살이 거센 강으로 변하지. 때로는 1분도 안 되는 짧은 시간에 돌발 홍수가 일어나 마을을 덮치고 커다란 피해를 입히고는 해.

농경지에 홍수가 발생하면 논밭 전체가 망가지기도 해. 수많은 나라, 특히 아시아에서 식량이 부족해질 정도로 심각한 홍수 피해를 주기적으로 겪고 있어. 이런 지역의 많은 아이들이 영양실조에 걸려서 원래 자라야 할 키보다 훨씬 못 자란 채로 어른이 된단다.

집 주위에 물이 흘러내려 가지 못하고 고여 있으면 벽을 침식할 수 있어. 벽을 조금씩 깎아내는 거지. 땅속에서 흐르는 물도 흙을 침식시켜서 싱크홀이라 부르는 커다란 구덩이가 갑작스럽게 생기기도 해.

폭우가 쏟아지면 변기의 물과 하수도 넘쳐흐를 수 있어. 그러면 콜레라와 설사, 장티푸스 같은 질병이 퍼지기 쉬운 환경이 되는 거야.

지구 마을 뉴스

홍수를 막는 방법 넷

과학자와 엔지니어들은 홍수를 막는 여러 방법을 찾아냈어.

1. 기후를 연구하는 기상학자들은 우주에 떠 있는 인공위성으로 날씨를 관찰하면서 언제, 어디서 많은 비가 내릴지 예측하고 있어. 덕분에 홍수가 발생할 지역에 사는 사람들에게 위험을 미리 경고할 수 있게 되었단다.

2. 담처럼 생긴 둑은 폭우가 내리고 홍수가 발생할 때 물이 넘치는 것을 막는 역할을 해. 거대한 댐 역시 물의 흐름을 통제하며 도움을 주지. 하지만 둑과 댐을 잘 관리해야 제 구실을 할 수 있어.

3. 비탈에 철제 못을 박거나 콘크리트를 씌우거나 그물을 덮어 바위나 흙이 떨어지는 것을 막으면 산사태를 예방할 수 있어.

4. 폭우로 강이 범람할 때를 대비해 강 옆에 저류지를 넓게 마련하는 방법도 있어. 저류지는 일정 수위 이상 발생하는 물을 모으는 곳이야.

성공적인 모범 사례

많은 나라가 모든 사람에게 깨끗한 물과 위생 시설을 제공하기 위해 노력하면서 큰 성과를 거두고 있어. 그중 케냐와 네덜란드, 에티오피아의 이야기를 소개할게.

케냐의 물 농장

케냐는 기브파워(GivePower)라는 자선단체의 도움을 받아 최초로 '태양열 물 농장(Solar Water Farm)'을 세웠어. 이곳에서는 태양 전지판이 태양에너지를 흡수해서 만든 전기로 물 펌프 2개를 쉼 없이 돌리고 있지. 이 펌프로 바닷물을 끌어올려 소금기를 제거한 다음 매일 3만 5,000명에게 마실 물을 제공하고 있단다.

에티오피아의 화장실

에티오피아는 워시(WASH) 프로그램을 통해 사람들이 깨끗한 물과 좋은 위생 시설을 더 쉽게 이용할 수 있도록 노력하고 있어. 약 50만 명에게 개인위생의 필요성을 교육하고, 40만 명의 가정에 변기를 설치했지. 또한 35만 명에게 깨끗한 물을 제공하고, 태양열 펌프 시스템을 활용해 전기가 들어오지 않는 지역에도 물을 공급 중이야.

홍수 전문 네덜란드

네덜란드는 세계에서 가장 뛰어난 홍수 조절 시설을 갖춘 나라야. 바닷물이 넘쳐 홍수가 나는 것을 막기 위해 긴 둑과 수문이 있는 제방을 설치했지. 무시무시한 해일을 막는 거대한 댐도 많아. 그리고 땅이 낮은 지역이 물에 잠기지 않도록 배수로와 운하, 펌프 시설 등을 나라 곳곳에 치밀하게 설치했어.

아직 남은 과제

다음 나라들은 해결하지 못한 문제를 위해 조금 더 노력해야 해.

인도 : 위생 시설 취약
에리트레아 : 물 관련 시설 부족
미국 : 너무 많은 물 소비
인도네시아 : 강의 오염
우간다 : 깨끗한 물을 얻기 어려움

생활 속 실천 방법 셋

우리도 깨끗한 물 관리와 위생을 위해 할 일이 있단다.
1. 물 아껴 쓰기.
2. 손 씻기.
3. 물 관련 단체 지원하기.

찾아보기

가뭄 12, 13
그린카약 29
기브파워(GivePower) 32
기상학자 31
남조류(시아노박테리아) 28
냉각탑 29
담수 9, 10, 14, 16, 19
대수층 19
댐 14, 31, 32
들불 13
무기물 28
물의 순환 8, 9
미생물 27
바이러스 6, 13, 24
산불 13
서식지 14, 15, 28
세계 물의 날 17
세계 화장실의 날 25
세계보건기구(WHO) 24
세계은행 15
세균 6, 13, 18, 20, 22, 23, 24, 27
소독 27
수력발전 13
수증기 8, 19
습지 14, 15

싱크홀 30
아랄해 14, 15
에볼라 24
우물 11, 12, 18
워시(WASH) 21, 32
워터에이드(Water Aid) 11
원드롭재단(The One Drop Foundation) 11
월드비전(World Vision) 11
위생 시설 6, 11, 21, 24, 25, 32
인공위성 31
유니세프(UNICEF) 21
유엔(UN) 6, 15, 25
응결 8
이질 24
장티푸스 24, 30
조류 대증식 28
증발 8, 16
증산 8
지하수 18, 19
차드호 15
콜레라 24, 30
태양 전지판 32
태양열 물 농장 32
펌프 11, 18, 27, 32
폐수 24, 26, 28, 29

하수 26, 28, 30
홍수 30, 31, 32
화학물질 6, 27, 28

글 | 새런 테일러
작가이자 교사로 골드스미스대학교와 데몬트포트대학교에서 공부하고, 2006년에 박사 학위를 받았습니다. 브램블키즈 출판사에서 출간한 여러 과학책과 연극·예술 관련 책에서 작가이자 편집자, 디자이너로 활약했습니다.

그림 | 엘리사 로치
이탈리아 볼로냐에서 태어났습니다. 어릴 때부터 그림 그리기와 이야기 짓기를 좋아했고, 볼로냐의 예술 고등학교와 예술 아카데미에 다니면서 그림 기법을 닦았습니다. 현재 밀라노에서 살며 어린이 책의 삽화를 그리고 있습니다.

옮김 | 김영선
서울대학교 영어교육과를 졸업하고, 미국 코넬대학교에서 문학 석사 학위를 받았으며 언어학 박사 과정을 수료했습니다. 2010년 《무자비한 윌러비 가족》으로 IBBY(국제아동도서위원회) 어너리스트(Honour List) 번역 부문의 상을 받았습니다. 어린이와 청소년을 위한 책을 우리말로 옮기는 일에 힘쓰며 지금까지 200여 권을 번역했습니다. 옮긴 책으로 《제로니모의 환상 모험》, 《구덩이》, 《수상한 진흙》, 《수요일의 전쟁》 등이 있습니다.

감수 | 윤순진
서울대학교 환경대학원 교수이며 한국환경사회학회 회장과 지속가능발전위원회 위원장을 역임하였습니다. 환경 에너지 문제와 기후변화 문제를 환경사회학과 정치경제학적 관점에서 연구하고 있으며, 국내외 학술지에 200여 편의 논문을 게재했고 60여 권의 국영문 단행본 출간에 공저자로 글을 발표하였습니다.

슬기로운 지구 생활
05 깨끗한 물

초판 1쇄 인쇄 2022년 5월 4일 **초판 1쇄 발행** 2022년 5월 25일

글쓴이 새런 테일러 **그린이** 엘리사 로치 **옮긴이** 김영선 **감수** 윤순진
펴낸이 김선식

경영총괄 김은영
어린이사업부총괄이사 이유남
어린이콘텐츠사업6팀장 윤지현 **어린이콘텐츠사업6팀** 강별
어린이디자인팀 남희정 남정임 이정아 김은지 최서원
어린이마케팅본부장 김창훈 **어린이마케팅1팀** 임우섭 최민용 김유정 송지은 **어린이 마케팅2팀** 문윤정 이예주
저작권팀 한승빈 김재원 이슬
경영관리본부 하미선 이우철 박상민 윤이경 김재경 최완규 이지우 김혜진 오지영 김소영 안혜선 김진경
물류관리팀 김형기 김선진 한유현 민주홍 전태환 전태연 양문현
외부스태프 편집 홍효은 **디자인** 러비

펴낸곳 다산북스 **출판등록** 2005년 12월 23일 제313-2005-00277호
주소 경기도 파주시 회동길 490 **전화** 02-704-1724 **팩스** 02-703-2219
다산어린이 카페 cafe.naver.com/dasankids **다산어린이 블로그** blog.naver.com/sdasan
용지 한솔피엔에스 **인쇄** 한영문화사 **제본** 대원바인더리 **코팅 및 후가공** 평창피앤지

ISBN 979-11-306-8896-1 74400 979-11-306-8891-0 (세트)

* 책값은 표지 뒤쪽에 있습니다.
* 파본은 본사와 구입하신 서점에서 교환해 드립니다.
* KC마크는 이 재품이 공통안전기준에 적합하였음을 의미합니다.

All Together : Clean Water
Copyright © 2021 BrambleKids Ltd
Korean translation copyright © 2022 Dasan Books
Korean translation rights arranged with BrambleKids Ltd through LENA Agency, Seoul.
All rights reserved.

이 책의 한국어판 저작권은 레나 에이전시를 통한 저작권자와 독점계약으로 다산북스가 소유합니다.
신저작권법에 의하여 한국 내에서 보호를 받는 저작물이므로 무단 전재 및 복제를 금합니다.